BEI GRIN MACHT SICH IHR WISSEN BEZAHLT

- Wir veröffentlichen Ihre Hausarbeit,
  Bachelor- und Masterarbeit

- Ihr eigenes eBook und Buch -
  weltweit in allen wichtigen Shops

- Verdienen Sie an jedem Verkauf

Jetzt bei www.GRIN.com hochladen
und kostenlos publizieren

Bibliografische Information der Deutschen Nationalbibliothek:

Die Deutsche Bibliothek verzeichnet diese Publikation in der Deutschen National-
bibliografie; detaillierte bibliografische Daten sind im Internet über http://dnb.d-
nb.de/ abrufbar.

Impressum:

Copyright © 2011 GRIN Verlag, Open Publishing GmbH
Druck und Bindung: Books on Demand GmbH, Norderstedt Germany
ISBN: 978-3-668-10706-9

Dieses Buch bei GRIN:

http://www.grin.com/de/e-book/182149/religionskritik-und-die-meister-des-argwohns

Christian Stöhr

Religionskritik und die Meister des Argwohns

GRIN Verlag

GRIN - Your knowledge has value

Der GRIN Verlag publiziert seit 1998 wissenschaftliche Arbeiten von Studenten, Hochschullehrern und anderen Akademikern als eBook und gedrucktes Buch. Die Verlagswebsite www.grin.com ist die ideale Plattform zur Veröffentlichung von Hausarbeiten, Abschlussarbeiten, wissenschaftlichen Aufsätzen, Dissertationen und Fachbüchern.

Besuchen Sie uns im Internet:

http://www.grin.com/

http://www.facebook.com/grincom

http://www.twitter.com/grin_com

Religionskritik

und

die Meister des Argwohns

Hausarbeit

06.06.2011

Christian Stöhr

Inhalt

1.   Was ist Religionskritik? 4

    1.1 die immanente Religionskritik 4

    1.2 die interreligiöse Religionskritik 5

    1.3 die externe Religionskritik 5

2.   Entwicklung der Religionskritik 6

3.   Die „Meister des Argwohns" 7

    3.1 Ludwig Feuerbach 7

    3.1.1 Feuerbachs Projektionstheorie 7

    3.2 Karl Marx 8

    3.2.1 Marx' Religionskritik 8

    3.3 Friedrich Nietzsche 9

    3.3.1 Nietzsches Religionskritik 9

    3.4 Sigmund Freud 10

    3.4.1 Freuds Religionskritik 10

4.   Schlusswort 11

„etsi Deus non daretur"

„als ob es Gott nicht gäbe"

Immanuel Kant (* 22. April 1724; † 12. Februar 1804)

1. Was ist Religionskritik?

Unter Religionskritik versteht man im weitesten Sinne das in Frage stellen religiöser Weltbilder, Institutionen und Handlungen.[1]

Die Religionskritik lässt sich grundlegend in zwei Arten unterteilen:

Die *allgemeine Religionskritik* analysiert Religionen in deren Grundzügen. Sie untersucht die Zusammenhänge zwischen Struktur und Aufbau aller auf unserer Welt akzeptierter Religionen. Außerdem werden diese nach Unterschieden und Gemeinsamkeiten, welche als Gesamtes kritisiert werden können gegliedert. Der Schwerpunkt der *allgemeinen Religionskritik* liegt auf allgemeingültigen Strukturen aller Religionen.

Die *spezielle Religionskritik* analysiert Grundlagen und Weltansichten individueller Religionen. Kritisiert werden dessen Wirkung selbst und Wirkung der Institutionen auf deren Anhänger und Gläubige. Der Schwerpunkt der *speziellen Religionskritik* liegt hierbei auf spezifischen Religionen.

Des Weiteren wird Religionskritik in die *immanente (interne) Religionskritik*, die *interreligiöse Religionskritik* und die *externe (*auch *freie) Religionskritik* unterschieden.[2] Differenziert werden hierbei die Positionen der Kritiker und der kritisierten Religionen.

1.1 die immanente Religionskritik

Die seit der Antike bekannte *immanente* oder *interne Religionskritik (*lat. immanere „darin bleiben") wird von jenen ausgeführt, welche selbst an eine Religion glauben und diese vertreten. Sie kritisieren ihre eigene Religion. Diese Art von Kritik wird auf empirische Ereignisse in einer Religion bezogen, um falsche Gottesvorstellungen abzuweisen.[3] Die interne Religionskritik setzt sich mit der jeweiligen Religion auseinander um sie zu verbessern.[4] Die christliche Theologie teilte in *wahre* und *falsche* Religion innerhalb Christentums ein, was vor allem in der Reformationszeit von großer Bedeutung war (*Kritik Luthers an den Ablassbriefen; Protestantismus).*[5] Die immanenten Religionskritiker kritisieren

---

[1]Vgl. Dr. Michael Schmidt-Salomon (2004): *Was ist Religionskritik?* von http://www.schmidt-salomon.de/relkritik.htm Abgerufen am 30.04.2011

[2]Siehe Fußnote 1

[3]Vgl. Hans Zirker (2006): *Religionskritik* von http://duepublico.uni-duisburg-essen.de/servlets/DerivateServlet/Derivate-11097/Religionskritik.pdf Seite 8 Abgerufen am 30.04.2011

[4]Vgl. Hubert Knoblauch (1999): *Religionssoziologie* Seite 21 Zeile 20f von http://books.google.de/books?id=YjfqZTc6sf0C&pg=PA20&lpg=PA20&dq=immanente+religionskritik&source=bl&ots=3uyOUSPLG7&sig=aAgmN9ChvGEGNbtuCatWjI3bEq8&hl=de&ei=Q-e7TYW3LozNsgacp9WUBg&sa=X&oi=book_result&ct=result&resnum=6&ved=0CEMQ6AEwBQ#v=onepage&q=immanente%20religionskritik&f=false

[5]Vgl. Wikipedia (2011): *Religionskritik* von http://de.wikipedia.org/wiki/Religionskritik#cite_ref-0 Abgerufen am 30.04.2011

bestehende Tatsachen (*Kritik einiger Christen am Zölibat*), sowie vergangene und teilweise prägende Ereignisse einer Religion, wie im zum Beispiel im Christentum die Inquisition oder die Kreuzzüge, um das Ideal ihres meist monotheistischen Gottes beizubehalten. Die *falsche* Religion zu akzeptieren hieße in diesem Beispiel, die Inquisition und die Kreuzzüge hinzunehmen und nicht weiter zu analysieren oder zu kritisieren. Die auf Solidarität beruhende immanente Religionskritik[6] versucht allerdings mit der Kritik an vergangenen, teils kontroversen Ereignissen die *wahre* bzw. *richtige* Religion zu identifizieren und das Gottesbild als solches für sich selbst (bzw. für den Kritiker) reinzuwaschen. Ein immanenter Religionskritiker ist als gläubiger Mensch allerdings kaum dazu in der Lage, sich seiner Religion gegenüber kritisch zu äußern und somit seinen eigenen Glauben anzuzweifeln.

Die *immanente Religionskritik* muss von der *interreligiösen Religionskritik* jedoch unterschieden werden.

1.2 die interreligiöse Religionskritik

Die *interreligiöse Religionskritik* kritisiert eine Religion aus der Perspektive einer anderen Religion.[7] Ein interreligiöser Religionskritiker kritisiert vom Standpunkt seiner Religion aus, eine andere, und stellt die seinige Religion als *bessere* Alternative dar.[8] Diese Art von Kritik, resultierend aus der gegenseitigen Konkurrenz der Religionen, finden wir religionsgeschichtlich beispielsweise bei den Religionen Christentum und Islam.[9] Zum Beispiel verweigert die islamische Theologie, sich *Gott* in menschlichen Bildern vorzustellen und somit die Transzendenz *Gottes* auf die Größenordnung seiner Geschöpfe zu dezimieren, was für Christen als selbstverständlich gilt.[10]

1.3 die externe Religionskritik

Atheismus ist die Überzeugung, dass es keinen Gott gibt.

Ganz im Gegenteil zur immanenten und interreligiösen Religionskritik geht in der externen Religionskritik der Tadel von nichtreligiöser bzw. atheistischer Basis aus. Diese Art von Religionskritik beabsichtigt weder Reformen, noch die Ersetzung einer Religion durch eine alternative. Externe Religionskritik betrachtet, analysiert, erklärt[11] und kritisiert Religionen und deren Fundamentalismus an sich. Oft dienen Argumente der

---

[6]Vgl. Gymnasium Hartberg (kein Datum): *Religionskritik- Atheismus* von http://www.gym-hartberg.ac.at/religion/starnet/media/downloads/Ath_Rel_krit.pdf Abgerufen am 30.04.2011
[7]Siehe Fußnote 4 Zeile 24f
[8]Vgl. Klaus von Stosch (2009): *Einführung in die Systematische Theologie; 2. Auflage* Seite 28 Zeile 21ff
[9]Vgl. Hans Zirker (2006): *Religionskritik* von http://duepublico.uni-duisburg-essen.de/servlets/DerivateServlet/Derivate-11097/Religionskritik.pdf Seite 8 Abgerufen am 04.05.2011
[10]Vgl. Wilhelm Hoffmann (2004): *Islam und Christentum – Verständigungsschwierigkeiten* Abgerufen am 04.05.2011
[11]Vgl. Hubert Knoblauch (1999): *Religionssoziologie* Seite 21 Zeile 27

immanenten und interreligiösen Religionskritik den Religionskritikern der freien Religionskritik als Grundlagen um deren Unmut den Religionen gegenüber zu äußern.[12] Diese Religionskritiker bezeichnen die Überzeugung der gläubigen, religiösen Menschen allerdings nicht nur als falsch, sondern verurteilen diese darüber hinaus herabwürdigend als „schädlich"[13] für die Gesellschaft.

Das Ziel dieser externen Religionskritik ist neben der Anzweiflung der Existenz Gottes der Versuch, die Entstehung und die Funktion der Religionen zu erklären und zu erforschen. Es werden nicht nur Glaubensgrundsätze der Religionen kritisiert, sondern auch der Bezug der Menschen zu den Religionen und warum diese der religiösen Überzeugungen folgen analysiert.[14]

2. Entwicklung der Religionskritik

> Säkularisierung (*Verweltlichung*) ist die Loslösung des Einzelnen, des Staates oder gesellschaftlicher Gruppen aus den Bindungen der Kirche
>
> *Vgl. Fremdwörterduden*

Über viele Jahrhunderte hinweg erscheint die Religionskritik als sich immer weiterentwickelnde Beseitigung der Götter aus Natur, Welt und Gesellschaft. Dieser Prozess der Säkularisierung schließt Gott und Religion immer weiter aus unserem gesellschaftlichen Leben aus.[15] Als Menschen in der Vergangenheit begannen ihre Vernunft im mit der Auseinandersetzung mit dem Thema Religion zu nutzen, wurde diesen klar, dass Götter und Geister für die Welterklärung hinfällig sind. Die Griechen bezeichneten bereits vor ca. 400 Jahren v. Chr. die Angst der Menschen vor der Peinigung nach dem Tod in der Hölle bzw. die Furcht vor Naturkatastrophen als Ursprung des Götterglaubens.[16] Dieser Verlauf sollte während der Aufklärung, eine Bewegung Ende des 17. Jahrhunderts, nach Kant „Licht in das Dunkel der Unwissenheit bringen". Lange bevor Menschen sich mit Themen der Religionskritik auseinandersetzten, waren Ereignisse mit natürlicher und wissenschaftlich belegter Erklärung mit Kräften oder Mächten von Geistern und Göttern begründet. Später wird der Religion eine soziale Ordnungsfunktion zugeschrieben. Diese Ordnungsfunktion kulminiert mit dem Satz von Karl Marx (1818-1883), Religion sei „Opium des Volkes" und in den Aufruf sich von dieser Ordnung zu befreien, da Marx die Religion aus Ausdruck des „gesellschaftlichen Elends" sieht.[17] Diese These hatte Ludwig Feuerbach (1804-1872), ein

---

[12]Siehe Fußnote 8 Seite 28 Zeile 30ff
[13]Vgl. Klaus von Stosch (2009): *Einführung in die Systematische Theologie; 2. Auflage* Seite 28 Zeile 38
[14]Siehe Fußnote 13 Seite 29 Zeile 1ff
[15]Vgl. Rolf Dober (2007): *Was ist eigentlich Religionskritik?* von http://www.dober.de/religionskritik/ Abgerufen am 04.05.2011
[16]Sieh Fußnote 15
[17]Vgl. Rolf Dober (2007): *Religion als Opium des Volkes* von http://www.dober.de/religionskritik/marx1.html

deutscher Philosoph, mit Marx geteilt und damit gestützt, dass er Gott als nichts anderes als eine Wunschvorstellung der Menschen selbst sieht.[18] Neben dem verbreiteten Gottesglauben etabliert sich von nun an die bewusste Form der Leugnung der Existenz Gottes, des Atheismus. Die Religionskritiker des 20. Jahrhunderts versuchen Religionen und deren Bedeutungen für die Menschen zu analysieren. Sigmund Freud (1856-1939) beispielsweise schmäht die Religion als Illusion und Resultat kindlicher Wunschvorstellungen und als psychische Störung.[19]

3. Die „Meister des Argwohns"

Ludwig Feuerbach, Karl Marx, Friedrich Nietzsche und Sigmund Freud sind als die berühmtesten Vertreter der Religionskritik unter dem Titel *Meister des Argwohns* bekannt.[20] Dieses *Religionskritikerquartett* versteht die Entwicklung der Religion und die Religion an sich als ein Phänomen menschlicher Selbstentfremdung.[21] Individuell variiert dieser Leitgedanke allerdings in verschiedenen Ausführungen, welche im Folgenden geschildert werden.

3.1 Ludwig Feuerbach

Ludwig Feuerbach wurde am 28. Juli 1804 in Landshut als Sohn eines Rechtsgelehrten geboren. Von Kindesalter an empfindet der christlich getauft und erzogene Ludwig den Wunsch, evangelischer Pfarrer zu werden. Ab 1823 studierte er Theologie, welches seinen Standpunkt *denkender Religiosität* allerdings nicht befriedigte und er daher die philosophischen Vorlesungen Georg Wilhelm Friedrich Hegels besuchte. In seiner *Kritik der Hegelschen Philosophie*, welche er 1839 verfasste, lehnt er den Idealismuş und die Vorstellung eines absoluten Geistes entschieden ab. Seine ab den 1830er Jahre verfassten religionskritischen Schriften verschlossen ihm seine weitere akademische Laufbahn, was seine überzeugte Haltung gegenüber dem Atheismus bestätigte.[22]

3.1.1 Feuerbachs Religionskritik

„Der einzige Gott des Menschen ist der Mensch selbst." – Ludwig Feuerbach (1804 – 1872)

Die Ursache für den Gottesglauben liegt für Feuerbach bei nichts Geringerem als beim Menschen selbst. Feuerbach bezeichnet Religion als eine Projektion menschlicher Wünsche

---

[18]Vgl. Rolf Dober (2007): *Was ist eigentlich Religionskritik?* von http://www.dober.de/religionskritik/ Abgerufen am 04.05.2011
[19]Siehe Fußnote 18
[20]Siehe Fußnote 13 Seite 29 Zeile 6ff
[21]Vgl. Klaus von Stosch (2009): *Einführung in die Systematische Theologie; 2. Auflage* Seite 29 Zeile 9ff
[22]Vgl. Anette Theis (2008): *Religionskritik von Ludwig Feuerbach von*
http://www.zum.de/Faecher/kR/Saar/gym/projekte/rel_krit/feuerb/feuerb1.htm Abgerufen am 04.05.2011

und Ideale.[23] Der Mensch sei ein *Mängelwesen*, welches von Elend, Krankheit und Tod bedroht ist. Da der Mensch allerdings die Ideale der ewigen Gesundheit, Unsterblichkeit, Allmächtigkeit und allgemeinen Vollkommenheit begehrt, *projiziert* er diese positiven Eigenschaften auf einem ihm ähnlichen, aber höheren Wesen, welches er letztendlich als *Gott* bezeichnet.[24] Feuerbach möchte mit dieser These zum Ausdruck bringen, dass die als *Gott* bekannte Persönlichkeit ein Trugbild imaginärer Vorstellungskraft der Menschen sei.

Anlage: Projektionstheorie schematisch dargestellt von Klaus von Stosch

3.2 Karl Marx

Karl Marx erblickte am 5. Mai 1818 als Sohn eines Rechtsanwaltes das Licht des Lebens. Kurz vor seiner Geburt trat seine Familie dem Protestantismus bei, um dem Berufswunsch seines Vaters nachzugehen. Nach seinem Abitur studierte Marx anfänglich Rechtswissenschaften. Später änderten sich allerdings seine Interessenfelder und er wechselte zu den Fächern Philosophie und Geschichte.[25] Während seiner Aufenthalte in Köln, wo er Chefredakteur einer linksorientierten Zeitung war, Paris, Brüssel und London verfasste er einige kritische Werke.[26]

3.2.1   Marx' Religionskritik

"...die Religion ist der Seufzer der bedrängten Kreatur, das Gemüt einer herzlosen Welt, wie sie der Geist geistloser Zustände ist. Sie ist das Opium des Volkes." – Karl Marx (1818 – 1883)

Für Karl Marx ist die Religion der Ausdruck des gesellschaftlichen Elends und parallel die Auflehnung gegen das Elend. In seinen Werken bezieht sich Marx oft auf den Philosophen Ludwig Feuerbach, welcher Gott und die Religion als Erzeugnis menschlicher Ideale erklärt.[27] Karl Marx' Religionskritik geht von der Situation des von der Religion unterdrückten Menschen in einer arbeitsteiligen und damit, wie er folgerte, ausbeuterischen Wirtschaft aus. Die unterdrückten Menschen würden sich nach Marx eines Tages gegen ihre Ausbeuter auflehnen und den Lebensstandard, welchen die Ausbeuter den Unterdrückten nahmen, zurückfordern. Allerdings seien die *Ausbeuter* in ein Bündnis mit der Religion eingegangen oder habe diese sogar erfunden, um den *Unterdrückten* die Idee der Auflehnung gegen die *Ausbeuter* zu nehmen. Die Religion predigt den Menschen von Geburt an Gehorsam, sich in das gottgegebene System einzugliedern und das Leben, welches gottgegeben ist, zu leben

---

[23]Vgl. Klaus von Stosch (2009): *Einführung in die Systematische Theologie; 2. Auflage* Seite 29 Zeile 16f
[24]Vgl. R. Wagner (2010): *Die Projektionstheorie von Ludwig Feuerbach* von
http://www.zum.de/Faecher/kR/BW/wagner/feuerb1.htm Abgerufen am 04.05.2011
[25]Vgl. Deutsches Historisches Museum (2009): *Karl Marx – Philosoph, Nationalökonom und Journalist* von
http://www.dhm.de/lemo/html/biografien/MarxKarl/index.html Abgerufen am 09.05.2011
[26]Vgl. EMA Bonn (2010): *Christentum – Kritik* von http://ema.bonn.de/reli/welt/Homepage/Christentum%20-
%20Kritik.htm Abgerufen am 09.05.2011
[27]Vgl. Rolf Dober (2008): *Religionskritik – Karl Marx; Religion als Opium des Volkes* von
http://www.dober.de/religionskritik/marx1.html Abgerufen am 09.05.2011

und durchzustehen. Mit dem paradiesischen Leben nach dem Tod werden nur die belohnt, welche sich in Lebzeiten nicht gegen die *Ausbeuter* auflehnen.[28] Marx bezeichnet deswegen die Religion als „Seufzer der bedrängten Kreatur" und gleichzeitig als „Opium des Volkes".[29] Um den Menschen die Freiheit zur Revolution und Auflehnung gegen Ungerechtigkeit und Unmenschlichkeit der *Unterdrücker* zurückzugeben und nicht auf ein Paradies nach dem Tod zu warten, welches ohne hin nur eine Erfindung der *Ausbeuter* sei, sondern um dieses hier und jetzt zu verwirklichen, soll – nach Marx – gezwungener weise die Religion abgeschafft werden.[30]

3.3 Friedrich Nietzsche

Friedrich Wilhelm Nietzsche wurde am 15. Oktober 1844 in Röcken, einem Dorf nahe Lützen im heutigen Sachsen-Anhalt als Sohn eines protestantischen Pfarrers geboren.[31] Der introvertierte, sensible Junge wurde in seiner Kindheit von seiner Mutter, zwei frommen Tanten und seiner Großmutter erzogen. *„Die Erziehung durch frömmelnde Frauen dürfte der erste Schritt in Richtung Antichristentum gewesen sein"* [32], so Nietzsche. Bereits in jungen Jahren wirkt das Christentum auf ihn als eine schwächliche, demütige und dekadente Angelegenheit.[33]

3.3.1 Nietzsches Religionskritik

„Gott ist tot!" – Friedrich Nietzsche (1844 – 1900)

<u>Nihilismus</u> ist eine philosophische weltanschauliche Haltung, welche die Existenz aller allgemeingültigen Annahmen verneint.	Nietzsche kritisierte vor Allem die christliche Moral, Philosophie, Wissenschaft und Kunst. Nietzsches Konzepte aus seinem bekanntesten Werk *Also sprach Zarathustra*, wie das des *Übermenschens* (auch Idealmensch, nach L. Feuerbach auch *Gott*),

des *Willens zur Macht* oder der *ewigen Wiederkunft*, sowie seine Infragestellung der Wahrheit überhaupt und seine oben genannten Kritikbereiche geben heute noch Anlass zu Diskussionen und Deutungen und beschreiben sein individuelles Verständnis des

---

[28]Vgl. Michael Preuschoff; *Diplomtheologe* (2010): *Religionskritik – kritische Theorie* von
http://basisreligion.reliprojekt.de/religionskritik.htm Abgerufen am 09.05.2011
[29]Zitat Karl Marx von http://www.phrasen.com/uebersetze,Die-Religion-ist-der-Seufzer-der-bedraengten-Kreatur-das-Gemuet-einer-herzlosen-Welt-wie-sie-der-Gei,83177,d.html Abgerufen am 09.05.2011
[30]Siehe Fußnote 28
[31] Vgl. Rudolf Eisler: http://www.textlog.de/nietzsche.html aus (*Philosophen-Lexikon. Leben, Werke und Lehren der Denker,1912*) Abgerufen am 11.04.2011
[32]Zitat Friedrich Nietzsche
[33]Vgl. Hans Mahlstein (2008): *Friedrich Nietzsche – ein Kämpfer gegen seine Zeit* von
http://www.mahlstein.ch/4663.html?*session*id*key*=*session*id*val* Abgerufen am 09.05.2011

Nihilismus.[34] Nietzsche warf dem Christentum vor, den Lebenswillen zu schwächen. Die Begriffe *Gott, Seelenheil, Jenseits* und *Sünde* seien erfunden worden, um das Leben anzuzweifeln.[35] Nietzsche charakterisierte die Religion auf rüde Art und Weise als *„Opferung aller Freiheit, alles Stolzes, aller Selbstgewissheit und des Geistes: zugleich Verknechtung und Selbst-Verhöhnung, Selbst-Verstümmelung."*[36] Die Zukunft des Menschen soll die Umwandlung der Werte *Wahrheit, Religion* und *Moral* sein, welche Nietzsche mit dem Nihilismus – mit dem nichts – ersetzt. Der Mensch soll sich seine Werte selbst schaffen, und als *Übermensch* in einer atheistischen Zeit als Gottesersatz leben. Nach Nietzsche würde dieser *Übermensch* „höchste Wohlgeratenheit" genießen und als eine neue Machtelite agieren.[37]

3.4 Sigmund Freud

Sigmund Freud kam am 6. Mai 1856 als Sohn eines jüdischen Textilkaufmanns und dessen ebenso jüdischen Ehefrau in Freiberg bei Dresden zur Welt. Nach dem Umzug der Familie nach Wien studiert er an der dortigen Universität in der medizinischen Fakultät. Nach seiner Promotion beteiligte er sich an der Entdeckung der schmerzstillenden Wirkung des Kokains im Allgemeinen Krankenhaus Wien.[38] Freud habilitiert in Neuropathologie und eröffnet später zum Trotze seiner katholischen Kinderfrau seine eigene Facharztpraxis am Ostersonntag in Wien.[39] Freud untersucht die Religion als psychologisches Phänomen. Er teilt dem Unbewusstem eine wichtige Rolle auch beim Gottesglauben zu, welchen er mit kindlichen Wunschvorstellungen verbindet.[40]

3.4.1 Freuds Religionskritik

„Der Mensch ist nicht Herr seiner selbst." – Sigmund Freud (1856 – 1939)

---

[34]Vgl. Wikipedia (2011): *Friedrich Nietzsche* von http://de.wikipedia.org/wiki/Friedrich_Nietzsche Abgerufen am 09.05.2011 **als exzellent ausgezeichneter Artikel!**
[35]Vgl. Ursula Homann (2011): *Was warf Nietzsche dem Christentum vor?* Von http://www.ursulahomann.de/NietzscheUndDasChristentum/kap002.html Abgerufen am 09.05.2011
[36]Zitat Friedrich Nietzsche aus *Jenseits von Gut und Böse – Drittes Hauptstück. Das religiöse Wesen* Seite 46 Zeile 10ff nachzuschlagen unter http://www.zeno.org/Philosophie/M/Nietzsche,%20Friedrich/Jenseits%20von%20Gut%20und%20B%F6se/Drittes%20Hauptst%FCck.%20Das%20religi%F6se%20Wesen/45-50 Abgerufen am 09.05.2011
[37]Vgl. Focus-Redaktion (2007): *Friedrich Nietzsche* von http://www.zeno.org/Philosophie/M/Nietzsche,%20Friedrich/Jenseits%20von%20Gut%20und%20B%F6se/Drittes%20Hauptst%FCck.%20Das%20religi%F6se%20Wesen/45-50 Abgerufen am 09.05.2011
[38]Vgl. Deutsches Historisches Museum (2010): *Sigmund Freud, Mediziner, Begründer der Psychoanalyse* von http://www.dhm.de/lemo/html/biografien/FreudSigmund Abgerufen am 06.06.2011
[39]Vgl. Andreas Schmidt (1997): *Psychoanalytischer Atheismus – Sigmund Freud* von http://buber.de/christl/unterrichtsmaterialien/freud Abgerufen am 06.06.2011
[40]Vgl. Rolf Dober (2008): *Religionskritik* von http://www.dober.de/religionskritik/ Abgerufen am 06.06.2011

Freud charakterisiert aufgrund seiner psychoanalytischen Erfahrung die Religion als eine Art seelische Krankheit. Er war davon überzeugt, einen engen Zusammenhang zwischen Gottesglauben und einem Eltern-/ Vaterkomplex darlegen zu können. Den religiösen Glauben beschreibt er als ein Indiz eines regressiven, in der seelischen Entwicklung rückwärtsgewandten, infantilen Verhaltens, welchem eine überlegene Vaterfigur (*Gott*) voraus geht, jene es im Verlauf des Erwachsenwerdens vom Thron zu stoßen gilt.[41] Jene Menschen, welchen diese infantile Illusion zugeordnet werden kann, – sprich allen Gläubigen – befinden sich nach Freud in einer Situation frühkindlicher Hilflosigkeit gegenüber den unkontrollierbaren Mächten von Natur, Schicksal und Tod und versuchen diese mit Hilfe von Gott als kindliche Projektion zu überwinden.[42] Sigmund Freud bezeichnet, wie Feuerbach, religiöse Vorstellungen als Illusionen und Erfüllungen alter und elementarer menschlicher Wünsche.[43]

4. Schlusswort

In Anbetracht des Konflikts zwischen Religion und Wissenschaft ist klar, dass doch alles unklar ist. Weder Gläubige, noch Religionskritiker sind im Stande dazu, Beweise für die Existenz und Nichtexistenz Gottes darzulegen. Die vorgestellten *Meister des Argwohns* waren von ihren Ideologien fest überzeugt und versuchten diese zur damaligen Zeit mit zu erklären und anderen Menschen über ihre Literatur nahezubringen. Mit provozierenden Aussagen wie *„Gott ist tot!"* oder Religion als *„Opium des Volkes"* versuchten diese auf sich aufmerksam zu machen, erfuhren aber nicht immer Zustimmung dafür. Trotz ihrer Überzeugung und ihres Ehrgeizes gelang es ihnen nicht, die Nichtexistenz Gottes zu beweisen. Heute noch richten sich einige Religionskritiker nach den Anschauungen von Marx', Nietzsche, Freud oder Feuerbach. Theologen und Wissenschaftler arbeiten heute zusammen und suchen nach einer, meiner Meinung nach unauffindbaren, einheitlichen und eindeutigen Erklärung für das Vorhandensein der Religion.

Im Grunde genommen ist die individuelle und subjektive Einstellung der Menschen bei der Religionserklärung am entschiedensten. Schließlich würde ein Atheist die Existenz von Religionen anders wie Theist (*Gläubiger*) deuten.

Die Religionskritiker und ihre Werke bieten eine Einladung zur Debatte über Religionen und die verschiedenen Weltanschauungen, den Kontrast zwischen Gläubigen und Atheisten, den Sinn des Lebens und vielem mehr. Zudem können die Religionen mit Hilfe der Religionskritiker sich einer ständigen Form der Selbstprüfung unterwerfen und sich hinsichtlich dessen, was sie in ihrer gesellschaftlichen Praxis anwenden, prüfen und bestätigen.

---

[41]Vgl. Klaus von Stosch (2009): *Einführung in die Systematische Theologie; 2. Auflage* Seite 36 Zeile 12ff
[42]Siehe Fußnote 41 Zeile 14ff
[43]Vgl. Hubert Knoblauch (1999): *Religionssoziologie* Seite 31 Zeile 17ff

Außerdem möchte ich, Christian Stöhr, mich als Autor dieser Hausarbeit keinesfalls auf eine intolerante Ebene gegenüber den Religionen begeben. Ich selbst akzeptiere Jeden, der an eine Religion glaubt und sich damit identifiziert. Diesen Leitgedanke möchte ich allen Atheisten und andersherum allen gläubigen Menschen nahelegen.

Literaturverzeichnis

Vgl. Dr. Michael Schmidt-Salomon (2004): *Was ist Religionskritik?* von http://www.schmidt-salomon.de/relkritik.htm Abgerufen am 30.04.2011

Vgl. Hans Zirker (2006): *Religionskritik* von http://duepublico.uni-duisburg-essen.de/servlets/DerivateServlet/Derivate-11097/Religionskritik.pdf Seite 8 Abgerufen am 30.04.2011

Vgl. Hubert Knoblauch (1999): *Religionssoziologie* Seite 21 Zeile 20f von http://books.google.de/books?id=YjfqZTc6sf0C&pg=PA20&lpg=PA20&dq=immanente+religionskritik&source=bl&ots=3uyOUSPLG7&sig=aAgmN9ChvGEGNbtuCatWjI3bEq8&hl=de&ei=Qe7TYW3LozNsga cp9WUBg&sa=X&oi=book_result&ct=result&resnum=6&ved=0CEMQ6AEwBQ#v=onepage&q=immanente%20religionskritik&f=false

Vgl. Wikipedia (2011): *Religionskritik* von http://de.wikipedia.org/wiki/Religionskritik#cite_ref-0 Abgerufen am 30.04.2011

Vgl. Gymnasium Hartberg (kein Datum): *Religionskritik- Atheismus* von http://www.gym-hartberg.ac.at/religion/starnet/media/downloads/Ath_Rel_krit.pdf Abgerufen am 30.04.2011

Vgl. Klaus von Stosch (2009): *Einführung in die Systematische Theologie; 2. Auflage*

Vgl. Wilhelm Hoffmann (2004): *Islam und Christentum – Verständigungsschwierigkeiten* Abgerufen am 04.05.2011

Vgl. Hubert Knoblauch (1999): *Religionssoziologie* Seite 21 Zeile 27

Vgl. Rolf Dober (2007): *Was ist eigentlich Religionskritik?* von http://www.dober.de/religionskritik/ Abgerufen am 04.05.2011

Vgl. Rolf Dober (2007): *Religion als Opium des Volkes* von http://www.dober.de/religionskritik/marx1.html

Vgl. Anette Theis (2008): *Religionskritik von Ludwig Feuerbach von http://www.zum.de/Faecher/kR/Saar/gym/projekte/rel_krit/feuerb/feuerb1.htm Abgerufen am 04.05.2011*

Vgl. R. Wagner (2010): *Die Projektionstheorie von Ludwig Feuerbach* von http://www.zum.de/Faecher/kR/BW/wagner/feuerb1.htm Abgerufen am 04.05.2011

Vgl. Deutsches Historisches Museum (2009): *Karl Marx – Philosoph, Nationalökonom und Journalist* von http://www.dhm.de/lemo/html/biografien/MarxKarl/index.html Abgerufen am 09.05.2011

Vgl. EMA Bonn (2010): *Christentum – Kritik* von http://ema.bonn.de/reli/welt/Homepage/Christentum%20-%20Kritik.htm Abgerufen am 09.05.2011

Vgl. Rolf Dober (2008): *Religionskritik – Karl Marx; Religion als Opium des Volkes* von http://www.dober.de/religionskritik/marx1.html Abgerufen am 09.05.2011

Vgl. Michael Preuschoff; *Diplomtheologe* (2010): *Religionskritik – kritische Theorie* von http://basisreligion.reliprojekt.de/religionskritik.htm Abgerufen am 09.05.2011
Zitat Karl Marx von http://www.phrasen.com/uebersetze,Die-Religion-ist-der-Seufzer-der-bedraengten-Kreatur-das-Gemuet-einer-herzlosen-Welt-wie-sie-der-Gei,83177,d.html Abgerufen am 09.05.2011

Vgl. Rudolf Eisler: http://www.textlog.de/nietzsche.html aus (*Philosophen-Lexikon. Leben, Werke und Lehren der Denker,1912)* Abgerufen am 11.04.2011

Vgl. Hans Mahlstein (2008): *Friedrich Nietzsche – ein Kämpfer gegen seine Zeit* von http://www.mahlstein.ch/4663.html?*session*id*key*=*session*id*val* Abgerufen am 09.05.2011

Vgl. Wikipedia (2011): *Friedrich Nietzsche* von http://de.wikipedia.org/wiki/Friedrich_Nietzsche Abgerufen am 09.05.2011 **als exzellent ausgezeichneter Artikel!**

Vgl. Ursula Homann (2011): *Was warf Nietzsche dem Christentum vor?* Von http://www.ursulahomann.de/NietzscheUndDasChristentum/kap002.html Abgerufen am 09.05.2011
Zitat Friedrich Nietzsche aus *Jenseits von Gut und Böse – Drittes Hauptstück. Das religiöse Wesen* Seite 46 Zeile 10ff nachzuschlagen unter
http://www.zeno.org/Philosophie/M/Nietzsche,%20Friedrich/Jenseits%20von%20Gut%20und%20B%F6se/Drittes%20Hauptst%FCck.%20Das%20religi%F6se%20Wesen/45-50 Abgerufen am 09.05.2011

Vgl. Focus-Redaktion (2007): *Friedrich Nietzsche* von http://www.zeno.org/Philosophie/M/Nietzsche,%20Friedrich/Jenseits%20von%20Gut%20und%20B%F6se/Drittes%20Hauptst%FCck.%20Das%20religi%F6se%20Wesen/45-50 Abgerufen am 09.05.2011

Vgl. Deutsches Historisches Museum (2010): *Sigmund Freud, Mediziner, Begründer der Psychoanalyse* von http://www.dhm.de/lemo/html/biografien/FreudSigmund Abgerufen am 06.06.2011

Vgl. Andreas Schmidt (1997): *Psychoanalytischer Atheismus – Sigmund Freud* von http://buber.de/christl/unterrichtsmaterialien/freud Abgerufen am 06.06.2011

Vgl. Rolf Dober (2008): *Religionskritik* von http://www.dober.de/religionskritik/ Abgerufen am 06.06.2011

Vgl. Hubert Knoblauch (1999): *Religionssoziologie* Seite 31 Zeile 17ff

BEI GRIN MACHT SICH IHR WISSEN BEZAHLT

- Wir veröffentlichen Ihre Hausarbeit,
  Bachelor- und Masterarbeit

- Ihr eigenes eBook und Buch -
  weltweit in allen wichtigen Shops

- Verdienen Sie an jedem Verkauf

Jetzt bei www.GRIN.com hochladen
und kostenlos publizieren